Víctor Manuel Mendiola

Also by Víctor Manuel Mendiola:

Poetry
Poemas (1980)
Sonetos a las cosas (1982)
Nubes (1987)
Vuelo 294 (1992, 2nd edition, 2005)
El ojo (1994)
Las 12:00 en Malinalco (1998)
Papel Revolución (2000)
La novia del cuerpo (2002)
Tan oro y ogro (1987–2002) (2003)
Tu mano, mi boca (2005)

Criticism
Sin cera (2001)
Breves ensayos largos (2001)
Xavier Villaurrutia: La comedia de la admiración (2005)

As editor:
Antología de poesía mexicana (1996)
Poesía en segundos (2000)
Sol de mi antojo. Antología poética de erotismo gay (2001)
La mitad del cuerpo sonríe. Antología de la poesía peruana
    contemporánea (2005)
Tigre la Sed. Antología de poesía mexicana contemporánea
    1950–2005 (2006)

Víctor Manuel Mendiola

Your Hand, My Mouth
—Selected Poems—

Translated by

Jennifer Clement
Ruth Fainlight
Martha B. Jordan
Sylvia Macduff
E. M. Test and Valerie Mejer

Shearsman Books
Exeter

Published in the United Kingdom in 2008 by
Shearsman Books Ltd
58 Velwell Road
Exeter EX4 4LD   www.shearsman.com

ISBN 978-1-905700-89-9

Original poems copyright © Víctor Manuel Mendiola, 1994-2005.

The translations printed here are copyright © Jennifer Clement, 2008 ('The Fishbowl', 'The Bride of the Body', 'Madame X: A Portrait by John Singer Sargent', 'Whiteness'); copyright © Ruth Fainlight, 2006 & 2008 ('Your Hand, My Mouth', 'The Hard-Boiled Egg'); copyright © Martha B. Jordan, 2008 ('The Sea', 'The Rock'); copyright © Sylvia Macduff, 2008 ('The Tree', 'The Poetics', 'The Bindweed', 'The Date', 'Flight 294'); copyright © E. M. Test & Valerie Mejer, 2008 ('Revolution Paper').

The right of Víctor Manuel Mendiola to be identified as the author of this work has been asserted by him in accordance with the Copyrights, Designs and Patents Act of 1988. All rights reserved. The rights of Jennifer Clement, Ruth Fainlight, Martha B. Jordan, Sylvia Macduff, and E. M. Test and Valerie Mejer to be identified as the translators of this work have been asserted by them in accordance with the Copyrights, Designs and Patents Act of 1988. All rights reserved.

Acknowledgements:
The original poems published here are all drawn from the author's collected poems, *Tan oro y ogro (1987–2002)* (UNAM, Mexico City, 2003), with the exception of 'Tu mano, mi boca', which appeared in the book of the same name published by Editorial Aldus, Mexico City, 2005.
    The translations are previously unpublished except where noted here: Ruth Fainlight's translation of 'Your Hand, My Mouth' first appeared in her collection *Moon Wheels* (Bloodaxe Books, Tarset, 2006) and is reproduced here by kind permission of Bloodaxe Books. Martha B. Jordan's translations of 'The Sea' and 'The Rock' first appeared in *Ruido de Sueños / Noise of dreams* (Ediciones El Tucán de Virginia, Mexico City 1994). Sylvia Macduff's translation of 'The Bindweed' and Ruth Fainlight's translation of 'The Hard-boiled Egg' first appeared in *Poetry London*. Jennifer Clement's translation of 'The Bride of the Body' first appeared in *Translation*, issue 1 (University of California, Santa Barbara).

Contents

Tu mano, mi boca	8
Your Hand, My Mouth	9
Madame X: un Retrato de John Singer Sargent	22
Madame X: A Portrait by John Singer Sargent	23
Blancura	30
Whiteness	31
La novia del cuerpo	34
The Bride of the Body	35
Papel revolución	40
Revolution Paper	41
El huevo duro	68
The Hard Boiled Egg	69
La pecera	70
The Fishbowl	71
Vuelo 294	80
Flight 294	81
La fecha	100
The Date	101
La enradedera	102
The Bindweed	103
Poética	104
Poetics	105
El árbol	106
The Tree	107
La piedra	108
The Rock	109
Mar	110
The Sea	111

Para Jennifer

For Jennifer

Tu Mano, Mi Boca

1. Un plato es una mano ahuecándose con sed o con hambre.

2. Un plato es una mano abriéndose en su pozo para recibir o para arrebatar.

3. Aunque me ilusiona su aspecto bondadoso, el plato —esta mano— no tiene escrúpulos.

4. El plato da, finge generosidad; pero el cuchillo está detrás de él.

5. El plato es un hueco duro y temible. A pesar de su aspecto medido y amable, la sangre y el hueso están en lo hondo.

6. No importa si estoy bien o mal vestido, no importa si soy bien o mal educado, cuando el plato descansa enfrente de mi, me domina y me hace —aunque me vuelva un niño o una mujer— el hombre armado.

7. Un plato sobre la mesa es una luna sobre un bosque de miedo.

8. Sobre la mesa, en la madera dura, inmóvil sangra el plato de la luna.

9. Una taza es un hueco indeciso entre abrir y cerrar, entre sincerarse y ocultar.

10. La taza juega o se equilibra entre dos aguas o entre dos continentes simultáneos. Es bella pero mentirosa.

Your Hand, My Mouth

1. A plate is a hand hollowing with thirst or hunger.

2. A plate is a hand opening its depths to receive or to grasp.

3. Although its kindly aspect gives me hope, the plate—this hand—has no qualms.

4. The plate gives, shams generosity, but the knife is close behind.

5. The plate is a hard and dreadful hollow. In spite of its measured and pleasant appearance, blood and bones lie at the bottom.

6. It does not matter if I am well or badly dressed, it does not matter if I am well or badly behaved, when the plate rests before me, it overpowers me and makes me—whether I become boy or woman—the armed man.

7. A plate on the table is a moon over a ghastly wood.

8. On the hard plane of the wooden table unmoving, bleeding, the moon's plate.

9. A cup is a hollow which cannot decide whether to open or close, to reveal itself or to hide.

10. The cup gambles, balancing between two waters or two continents at the same time. It is pretty, but a liar.

11. Un vaso es un hueco con miedo; teme perder su contenido.

12. Un vaso se alarga hacia arriba alarmado.

13. Con su aspecto alzado, el vaso presume una altivez que no tiene.

14. Si el vaso se deja llevar por el miedo o el egoísmo, se cierra, se vuelve una botella; le surge una cicatriz como un nudo. Un ombligo.

15. Cuando un vaso trastrabilla, quién sabe por qué motivo mi vida titubea llena de espanto.

16. En el cuello estrecho de la botella —como una bolsa atada, como un sexo cerrado— no hay comunidad ni palabras en común. Hay una medida que guardar, una pepita o una semilla que mantener oculta. El vaso se cierra no sólo para guardar. No quiere compartir, a menos que paguen el precio.

17. Cuando un plato se rompe algo esencial se quiebra. El amor o la familia. Cualquier promesa o pacto. Cualquier abrazo. Hasta el beso se seca. Sabe mal.

18. Estar asombrado o tener miedo: abrir los ojos como platos.

19. En la superficie de un plato puedo mirar el cielo de mi casa o del mundo. El Tao comienza en el plato o en la mano. Después viene el balcón.

11. A glass is a fearsome hollow; frightened to lose its contents.

12. A glass stretches upward, apprehensive.

13. With its insolent aspect, the glass assumes a false arrogance.

14. If the glass lets itself be carried away by fear or self importance, it closes, becomes a bottle; a scar rises like a knot. A navel.

15. When a glass totters, who knows the reason why my life oscillates, filled with astonishment.

16. In the narrow neck of the bottle—like a shut purse, a sealed sex—are neither words nor fellow-feeling in common. There is a measure to guard, a pip or seed to keep hidden. The glass seals itself not only for protection. It doesn't want to share, unless they pay the price.

17. When a plate breaks something essential collapses. Love or the family. Whatever promise or pact. Whatever embrace. Even the kiss withers. It knows the worst.

18. To be startled or frightened: to have eyes as wide as plates.

19. On the surface of a plate I can see the sky of my house or of the world. The Tao begins in a plate or in the hand. Then comes the balcony.

20. En la superficie de un plato puedo encontrar, en una sombra blanca, tu rostro.

21. Hay una sombra blanca en el plato, una pálida sombra en el pulido pozo. Un fantasma que me mira todos los días en la cerámica.

22. En el hueco medido de un plato están tus huecos, los centímetros de tu mordida, la hora escondida de la digestión.

23. Junto al plato, el cuchillo eleva una oración a la encía dentada.

24. Junto al plato, el tenedor guarda silencio, torcido y alerta, como la mirada del diablo.

25. En su inocua presencia, la cuchara lengüetea el caldo con su pequeña, mustia cara cómplice.

26. En su redonda extensión, el plato te mira; te lleva hacia adentro.

27. El plato tiene la ceguera de los ojos puestos en blanco. Tú eres el agujero de su mira apuntando a la presa.

28. Un plato es la nube de humo de un cañón o la luz que exhala un cadáver. Piénsalo bien.

20. On the surface of a plate I can find, in white shadow, your face.

21. There is a white shadow on the plate, a pale shadow in the polished depth. A phantom that watches me every day from the glaze.

22. In the measured hollow of a plate are your hollows, the centimetres of your bite, the hidden hour of digestion.

23. Close to the plate, the knife praises the toothed gum.

24. Close to the plate, the fork stays silent, devious and alert, like the devil's gaze.

25. In its innocuous way, the spoon licks the soup with its little gloomy complicit face.

26. In its round expanse, the plate observes you; draws you into it.

27. The plate has the blindness of eyes glazed white. You were the needle of its gaze aimed at the quarry.

28. A plate is the cloud of smoke from a cannon or the glow a corpse emits. Consider this well.

29. En el centro del plato pones, con ingenuidad y pacíficamente, la carne de un buey, un cerdo o un cordero. ¿Te la crees? ¿Piensas que estás afuera de la ley feroz de la saliva que envenena o del diente que rompe y rasga?

30. En el centro de un plato pones la rapidez de una lechuga. El aire sopla en la verdura.

31. En el comedor escuchas la percusión, el temblor, el temor, el tambor de los platos.

32. En el centro de un plato miras cómo las cebras se deshilachan en negras blancas hebras. En todo plato hay una cerámica de África. El león está detrás.

33. El plato sostiene al buey, al cordero y a la verde hoja larga, expuestos entre el grito y el colmillo.

34. El plato tiene la apariencia de una superficie, pero es la trampa de una bolsa retráctil. Una garra como un guante de sangre. Un estómago.

35. De niño veía la sombra blanca del plato y me quería hundir en su borroso lago de sangre.

36. El plato es una planta carnívora.

37. En esa planta mides tu hambre y tu sed; el peso y la largura de tu paso; los kilos de presión en tu mordida.

29. In the centre of the plate you place, naively and gently, the meat of a bull, a pig or a lamb. Do you believe it? Do you imagine that the fierce laws of saliva that poisons or teeth that rend and tear do not apply to you?

30. In the centre of the plate you place the speed of a lettuce. The air blows on the greenness.

31. In the dining room you listen to the hammer, the shudder, the dread, the drum of the plates.

32. In the centre of the plate see how the zebras unravel into black white fibres. On each plate there is an African motif. The lion is on the prowl.

33. The plate supports the bull, the lamb and the large green leaf, revealed between shriek and canine tooth.

34. The plate appears a surface, but it is the snare of a withdrawn purse. A claw like a bloody gauntlet. A belly.

35. From childhood I saw the white shadow of the plate and yearned to plunge into its muddy lake of blood.

36. The plate is a carnivorous plant.

37. By that plant you measure your hunger and thirst; the weight and length of your step; the kilos of pressure in your bite.

38. Sentarse a comer con alguien, estar en la mesa, hacer sonar apenas, o mucho, los platos: representar la digestión de adentro en el teatro de afuera.

39. Los ruidos de mi estómago y del tuyo en este momento fueron las palabras de amor de hace dos horas frente de nuestro plato.

40. Sobre la superficie de la mesa relumbra el pozo mudo de mi plato, su ruido azul de boca me atraviesa.

41. Te miro a los ojos; te miro con hambre, te miro con mi boca; quiero guardarte; déjame abrazarte con mi estómago.

42. Cuando decimos "te amo" o "te quiero" no deberíamos señalar la sonrisa o el cabello, tampoco la espalda; sería mejor hablar como nos hablamos en el silencio de la cama o del baño. Los sentimientos me hacen mentir.

43. En el dominio del plato puedo decir: necesito husmear tu pie, probar tu áspera axila desdoblada, aspirar las fosas de tu cuello caliente, tocar el anillo de tu cuerpo, comer de ti, comer de tus huecos. Roer tu hueso, tu adentro. Déjame.

44. Cuando nos dejamos de amar, ya no comemos juntos ni nos comemos. El teatro de afuera extravió el teatro de adentro. No somos un plato que corre en la velocidad de su placer sino un vaso estrechándose sin acento ni rima.

45. En un plato no sólo pones tu alimento; depositas los gramos y las pulgadas de tu cuerpo. Tu carne y tus huesos. Sobre todo tus huecos.

38. To sit down to eat with someone, to be at table, to make a gentle or brutal clatter of plates: to represent the digestion inside in the theatre outside.

39. The sounds from my belly and yours at this moment were our words of love two hours ago in front of our plates.

40. On the surface of the table glistens the mute depth of my plate, its blue sound pierces my mouth.

41. I look at your eyes. I look at you hungrily; I look at you with my mouth. I want to contain you; let me embrace you with my belly.

42. When we say "I love you" or "I want you" we do not mean the smile or the hair, much less the shoulder; it would be better to speak as we speak in the silence of the bed or the bath. Feelings make me a liar.

43. In the dominion of the plate I can say: I need to smell your foot, taste your sour unfolding armpit, inhale the grave-pits of your hot neck, touch the ring of your body, eat you, eat from your hollows. Gnaw your bone, your inside. Let me.

44. When we no longer love, then we do not eat together nor eat each other. The theatre of outside displaces the interior theatre. We are not a plate that races at the furious pace of its pleasure but rather a glass tightening itself without accent or rhyme.

45. On a plate you do not only put your food; you place the ounces and inches of your body. Your flesh and your bones. Most of all, your hollows.

46. Una ecuación: deseo = hambre, o a la inversa; pero quizá sería mucho mejor: amor = plato = boca = estómago.

47. El plato es una boca abierta. Dále de comer.

48. Vi a dos caracoles hacerse dos bocas en mis narices sobre mi plato. Era el beso más apasionado de la historia del cine.

49. Te pienso y te divido con el cubierto de mi lengua. No necesito cuchara ni tenedor ni cuchillo.

50. El plato es tu boca cuando te acercas a mí. Escucho las cuentas de tus pequeños dientes.

51. El plato me enseña tu hueco más delicioso. Por eso meto mi dedo en tu comida.

52. Cuando beso tu boca, beso tu hueco más hondo. Y sé dónde comienza y dónde termina.

53. Ni tus ojos, ni tu nariz, ni tus oídos tienen esa hondura, ese vacío que me encierra y que me llena. Tus letras, tu lengua son mi testigo.

54. Dame de comer de tu plato, entrégame tu mundo de adentro, dame tu hambre.

55. Va mi boca a tu plato a comer de tu mano.

46. An equation: desire = hunger, or the opposite; but perhaps this would be far better: love = plate = mouth = belly.

47. The plate is an open mouth. Feed it.

48. Under my nose, in front of my eyes, I watched two snails become two mouths on my plate. It was the most passionate kiss in the history of cinema.

49. I think of you and divide you with the cutlery of my tongue. No need for spoon or fork or knife.

50. The plate is your mouth when you come close to me. I listen to the beads of your little teeth.

51. The plate teaches me your most delicious hollow. That is why I dabble my finger in your dinner.

52. When I kiss your mouth, I kiss your deepest hollow. And I know where it starts and where it ends.

53. It is not your eyes, not your nose, not your ears which have this depth, this emptiness which encloses me and fills me. Your cunning words, your tongue, are my evidence.

54. Give me food from your plate, surrender your internal world, give me your hunger.

55. Now comes my mouth to your plate to eat from your hand.

56. Pongo la mitad de un tomate en la superficie del plato; veo la cresta alzada de un gallo blanco cuando revisas tu hacienda. Con mirada bondadosa cuentas vacas y pollos.

57. Pongo una rama de eneldo en mi plato; veo tu mano crecer sobre mi mano.

58. —Voy al mercado. Arranco aceitunas del estante; desgajo tres ramas; atravieso con los ojos la rapidez inmóvil de un salmón, petrificado en la botella oceánica de hielo dulce en la sección de Pescados y Mariscos. La espuela de un tiburón, las tenazas de un cangrejo. Ordeno tres piezas.

    Regreso, cargado, a mi casa. El buche lleno.

    A fuego lento, no más de veinte minutos, cuezo mi presa. La preparo para ti. Mantequilla. Dos ramas de eneldo. Tiene que gustarte.

    Ven, acércate, escucha está música de sangre y fuego, come conmigo. Ven a mi casa, siéntate a comer en mi mesa. Déjame entrar a ti, antes de entrar en ti.

59. Tu plato es una fosa deliciosa. Entiérrame.

56. I put half a tomato on the plate's surface: I see in you the insolent crest of a white cock inspecting his domain. Complacently counting the cows and chickens.

57. I place a sprig of dill on my plate; I watch your hand grow over my hand.

58. I go to the market. I snatch olives from the counter; tear off three branches; move my eyes along the immobile swiftness of a salmon, frozen into the oceanic vessel of sweet ice in the Fish and Seafood department. The spur of a shark, the claws of a crab. I order three pieces.

    I return, laden, to my house. A full bag.

    On a slow fire, for not more than twenty minutes, I cook my catch. Prepare it for you. Butter. Two sprigs of dill. You will have to try it.

    Come, nearer, hear this music of blood and fire, eat with me. Come to my house, sit down to eat at my table. Let me enter into you, before I enter you.

59. Your plate is a delicious grave. Bury me.

Translated by Ruth Fainlight

Madame X
un Retrato de John Singer Sargent

1

Ella está detenida en un espacio
¿de su recámara? ¿del vestidor?
¿del baño? ¿Desde qué ángulo interior
ella inclina su torso muy despacio?

La miro pensativa en la labor
del cuadro: el traje negro en largo lacio,
seda con luz de perla. En el palacio
—¿la casa es un palacio?— está el color.

Pero el color proviene de otra parte:
del rostro y de los hombros. La blancura
termina y recomienza en esa cara

como si fuera inaccesible un arte
más vivo que este rostro en la pintura.
En el retrato el corazón se aclara.

Madame X
A Portrait by John Singer Sargent

1

She is held in a space.
Is it her bedroom? Dressing room?
Her bathroom? From what interior angle
Does she slowly bend her torso?

She is pensive in the artistry
of the painting: the sleek, long black dress
is silk with a pearl light. In the palace—
is the house a palace?— there is colour.

But the colour comes from elsewhere:
from her face and shoulders. The whiteness
ends and beings in that face

as if it were inaccessible to find an art
more alive than that countenance in the painting.
Through the portrait my heart gains clarity.

2

Pero si observas bien, el pelo es rojo;
rojo negro que viene del espacio
del cuarto en donde un lento pincel lacio
ha encerrado la luz con un cerrojo.

Insisto: toda avanza muy despacio
y ella, el pelo cogido en un manojo,
apenas se desplaza por el ojo
que la admira. En la mesa, un cartapacio

imaginario la detiene. Ella
no mira los papeles; ella mira
en sentido contrario, donde luce

la luz. La lentitud la hace más bella.
En la luz, su cabello me conduce
a este color que en bien y en mal delira.

2

But if you look carefully, her hair is red,
black red that comes from a space
in the room where a measured, fine paintbrush
has enclosed the light with a lock.

I insist: everything moves slowly
and she, her hair gathered up,
barley enters through the eye
that admires her. An imaginary

notebook on the table stops her. She
does not look at the papers; she looks
in the opposite direction, where the light

lights up. The listlessness makes her more beautiful.
In the light her hair drives me, in good and in evil,
to this color that leads to delirium.

3

Imaginé que, si el vestido fuera
rojo, el cuadro también daría gozo.
Ví que en la luz había un orgulloso
color de llama y una enredadera

de sangre desatándose. Ví un pozo
de luz en el pincel—donde cualquiera
tiembla—y supe la mano y la tijera
que hicieron el vestido tan hermoso.

Pero me percaté de que el rubí
del vestido de seda provenía
no de él sino de quien lo lleva puesto;

sólo de Madame Equis. Y sentí
que todo en ella estaba en armonía:
la luz del rostro con la sed del gesto.

3

Imagine if the dress were
red, the painting would also dazzle.
In the light I saw a proud
color of flame and a climbing vine

of unraveling blood. I saw a well
of light in the paintbrush—where anyone
trembles—and I knew the hand and the scissor
that made such a beautiful dress.

But I also understood that the ruby
silk dress came not from the one
who makes it but from the one who wears it;

only from Madame X. And I felt
that all in her was in harmony:
the light of the face with the thirst of a gesture.

4

No me puedo quitar el pensamiento
de cómo debió ser la piel desnuda
de Madame Equis. No me cabe duda
de la blancura de los hombros; siento

el temblor de los pechos y la aguda
sensación de algo que se entrega lento
y se derrama en un cristal violento
y el corazón gratuito y sin ayuda.

Presiento el largo de sus largas piernas,
aunque fueran pequeñas; la medida
de sus pies, la cascada dividida

que abandona su espalda en dunas tiernas
y la sombra en la sombra de esa raya
que el tacto esconde y que la boca calla.

4

I cannot stop the thoughts
of what Madame X's naked skin was like.
I have no doubt about the whiteness
of her shoulders. I feel

the quake of her breasts and the sharp
sensation of something that gives slowly
and overflows into a smashed glass
with a gratuitous and unaided heart.

I can imagine the length of her long legs,
although they may have been short. The measure
Of her feet, the divided cascade

that abandons her back in tender dunes
and the shadow in the shadow of that opening
that a touch hides and the mouth quiets.

Translated by Jennifer Clement

BLANCURA

Al hacer el amor
pienso que la blancura de tu cuerpo
pierde sentido sobre
la blancura del mío
como si fuera inútil
que un color se disuelva
sobre el mismo color.

Pero un minuto más tarde comprendo
que las calladas olas pálidas
de nuestros cuerpos
sí tienen un sentido,
porque cuando se encuentran
son el paisaje
de un ruido tan callado,
móviles ondas quietas,
y que nos apretamos
de la misma forma
que se aprieta un cristal
bajo la presión del viento
rompiéndose en un abrazo
de astillas y hendiduras,
fragmentándose
en un silencio de agua y aire
dentro de nuestra carne
en la noche del cuarto.

Y que tiene sentido
romper tu espejo contra el mío
para mirar
en las quebradas piezas reunidas
mis pies o hallar tu boca

Whiteness

When making love
I think your body's whiteness
loses meaning over
the whiteness of mine
as if it were useless
to have one color dissolve
over the same color.

But one minute later I understand
that the rising pallid waves
of our bodies
do have meaning.
This is because, when they find each other,
Our bodies are the landscape
of such a quiet sound—
mobile still waves.
And I understand that we hold tight
in the same way
that a windowpane
tightens under the wind's pressure
to shatter in an embrace
of splinters and cracks—
fragmenting
in a silence of water and air
within our flesh
in the night of the room.

And I understand that it has meaning
to break your mirror
against mine
to see
my feet or find your mouth

en la blanquísima repetición
de nuestros cuerpos.

in the broken, reunited pieces,
in the whitest repetition
of our bodies.

Translated by Jennifer Clement

La novia del cuerpo

1

Aquí veo una mano
y aquí, en el otro extremo,
hallo la otra.
Han descendido
por la pendiente
de mis dos brazos
en un lodo de sangre.
Miro mis manos
sobre la cama
y me dan miedo antes de tocarte.

The Bride of the Body

1

Here, I see a hand
and here, in the other extremity,
I find the other.
They descend
along the slope
of my two arms
in a clay of blood.
I see my hands
over the bed
and they make me afraid
before I touch you.

3

Roto, adentro de mí,
me coso por afuera.
Agujas y tijeras
me colocan los brazos,

pegostean mi cara,
me despuntan el ojo.
He recibido un pie
y he entregado una mano,

he tomado un zapato
y me he puesto un perfume.
Con esa mano pido
a la novia del cuerpo;

con esa mano sola
me pongo una cabeza,
me dibujo la frente,
me acomodo la boca
para morder tus piernas.

3

Broken on the inside,
I sew on the outside.
Needles and scissors
Set my arms in place,

affix my face,
prick my eye.
I have receive a foot
and give a hand,

I take a shoe
and put on perfume.
with this hand I ask
the bride of the body;

with only this hand
I put on a skull,
I draw a forehead,
I adjust the mouth
To bite your legs.

5

. . . apagamos la luz. La oscuridad
nos despertó con un abrazo ciego.
La oscuridad siguió sin rumbo y sueño
y todo estaba en orden y en un murmullo horizontal.
Nos estiramos sobre el largo lecho
de nuestra cama
como quien se echa hacia atrás
a la inmovilidad.
Nos oímos oírnos en silencio.
Puse mi mano sobre tu mano
y sostuve la rama de tu brazo;
puse mi pie sobre tu pie
y sentí como aumenta la pequeñez del ser.
Mi boca nunca tocó la raya de tu boca
y nos quedamos despiertos muchas horas.

5

. . . we turn off the light. The darkness
woke us up with a blind embrace.
The darkness continued without direction and dream
and all was in order and in a horizontal whisper.
We stretched out over the length
of our bed
like those who throw themselves backwards
to an immobility.
We listened to ourselves hearing ourselves in silence.
I placed my hand over your hand
and supported the branch of your arm;
I put my foot over your foot
and felt how the smallness of being increases.
My mouth never touched the line of your mouth
and we remained awake for many hours.

Translated by Jennifer Clement

Papel revolución

A mi hijo Víctor Manuel y a su maestra

*Nibble, nibble I hear a mouse
Who's that eating at my house*

Jacob and Wilhelm Grimm

La cara de Cuauhtémoc:
un círculo marrón
sobre un papel barato.
Casi siempre su cara
se eleva con el ritmo de una lanza.
También los ojos suben,
también las nubes se alzan contra el cielo
en la portada de cartón couché.
En el libro de texto,
Cuauhtémoc no es un hombre;
es una sombra en el papel moreno.
Papel revolución
de 24 kilos.
Atrás de su figura
se yergue un águila.
El ave sigue el horizonte,
un aire en las montañas.
Las alas suspendidas
en posición de vuelo;
una piedra partida en dos pedruscos.
Paso las páginas
de mi libro de texto.
La SEP 1964.
Talleres Gráficos de la Nación.

Revolution Paper

For my son Victor Manuel and his teacher

*Nibble, nibble I hear a mouse
Who's that eating at my house.*

Jacob and Wilhelm Grimm

Cuauhtémoc's face
is a maroon circle
on cheap paper.
Almost always, his face rises
with the rhythm of a lance.
Also, his eyes lift
and clouds climb up against the sky
on the cardboard lined cover.
In the textbook
Cuauhtémoc is not a man;
he is a shadow on brown-skinned paper,
revolution paper
that weighs 11 pounds.
Behind his form
an eagle soars.
The bird follows the horizon,
wind in the mountains.
The wings are suspended
in a position of flight;
are a stone split into two boulders.
I turn the pages
of my textbook:
The Public Education Administration, 1964.
National Printing Shop.

Enormes prensas
en frías cámaras.
Pliegos en pilas
y el Calendario Azteca.
La luz de un pedernal.
Una lengua de fuera.
Garras. Los corazones estrujados.
El glifo de un conejo
o de un tigre.
Tunas. Maíz. Cacao.
Un ajolote. Un perro.
Agua por todos lados.
Los aguaceros
del mes de julio.
Cortés nos mira
desde la fortaleza de papel
revolución.
Cuadrillas de soldados
con sus corazas.
Los caballos nerviosos
en formación de ataque.
Un capitán
desbarata los ídolos de un Cu,
pasa a cuchillo a mil indígenas
según Fray Diego de Durán.
Tumulto de papel en la ciudad de letras.
Los monitos no dicen nada,
sólo se mueven sin moverse
en mi libro de texto.
Lentas pasan las hojas.
relinchan los caballos,
corren a toda prisa,

Enormous presses
in cold chambers.
Printer's proofs in piles
and the Aztec calendar.
The light in flint.
An outsider's tongue.
Claws. Crushed hearts.
The glyph of a rabbit
or a tiger.
Prickly pears. Maize. Cacao.
A salamander. A dog.
Water everywhere.
The rain showers
in July.
Cortés gazes at us
from the fortress
of revolution paper.
Groups of soldiers
wear breastplates.
Nervous horses stand
in attack formation.
According to Fray Diego de Durán,
one captain
destroys the *Cu* temple idols, *
and knives a thousand Indians.
A tumult of paper in the city of letters.
In the textbook.
the cartoonish figures don't say a word,
and only move without moving.
Pages turn slowly,
horses neigh,
gallop at full stride,

cargan contra el gentío.
Una pequeña flota
de bergantines
cruza el lago de México.
Las velas desplegadas
bajo un cielo de nubes
y los rayos de luz
en la verde cortina vegetal
de un bosque siempre más intenso.
"Moctezuma disfrutó
ir en el bergantín más velero".
"Iban veloces sobre
la hermosura del lago".
"Moctezuma se holgaba
en la callada rapidez del viaje".
"Descendió de la nave
al llegar a un peñol
y mato toda la caza que quiso:
venados, liebres, conejos
y volvió muy contento a la ciudad".
"Cortés mandó en compañía
de Moctezuma
a Pedro de Alvarado
y a Cristóbal de Olí".
"Fueron con él".
"Capitanes de sangre en el ojo".
El bosque se estremece
en el sol de la tarde.
Vuelan los pájaros.
Escapan en sentido
contrario tres colibríes.
Se abate un gavilán

and charge against the crowd.
A small float
of brigantines
cross the lake of Mexico.
Below a cloudy sky,
where rays of light shine
through the vegetable-green curtain
of a vibrant forest,
the boats' sails unfurl.
"Moctezuma enjoyed
going on the swiftest brigantine."
"They would move quickly over
the lake's beauty."
"Moctezuma was at leisure
during the quiet and speedy voyage."
"He descended from the boat
when it arrived at a crag
and killed all the game he desired:
deer, hare, rabbit.
He returned to the city very content."
"Cortés sent
Pedro de Alvarado
and Cristobal de Olí
to accompany Moctezuma."
"They went with him."
"Captains with blood in the eye."
The forest shimmers
in the afternoon sun.
Birds fly.
Three hummingbirds
escape in opposite directions.
In the book's pages

sobre una codorniz
en las hojas del libro.
"Ordena Moctezuma
tomen a aquel mismo gavilán
para regalo
de los soldados.
Sólo un presente".
Paso las hojas,
mis ojos miran
los dibujitos gruesos,
las líneas que mezclan
amarillos y azules,
rojos, verdes y blancos.
De tres colores una patria.
Lo otros niños
contemplan sin mirar su propia historia.
Escriben nombres, apellidos,
un lugar en quién sabe qué recuerdo,
números en la voz de la maestra.
Una muchacha
de apenas veinte años.
Los pies muy grandes,
las piernas largas,
los pechos pequeñitos,
caderas de ánfora
y ojos caídos
como llorando, tan egipcios.
Los ojos de ámbar, tan enormes.
Las hojas pasan
—un olor a papel—
y los soldados,
escopeteros, ballesteros,

a sparrow hawk swoops down
over a grouse.
"Moctezuma orders them
to take that same sparrow hawk
as a gift
to the soldiers."
Only a gift.
I read the pages,
and examine
thickset drawings,
the lines mix
yellows and blues,
reds, greens, and whites.
A land of three colors.
The other children
Don't see their own history.
They write names, surnames,
a place in who knows what memory,
numbers are spoken aloud in the teacher's voice.
She is a mere twenty-year-old woman
with large feet,
long legs,
tiny breasts,
hips like an amphora
and drooping, weepy eyes
that are so Egyptian.
Her amber eyes are enormous.
Pages turn
—a smell of paper—
and the soldiers,
riflemen, crossbowmen

o en sus monturas,
unos con picas,
otros más con estoques,
pasan cargados de oro;
tratan de abandonar
México-Tenochtitlan.
Un ruido de papel en las miradas.
"Estaba con nosotros un soldado
que se llamaba a sí mismo Botello".
"Muchos decían que era nigromante".
"Algunos le llamaban astrólogo".
"Botello había dicho
que aquella noche
debíamos partir de México".
Cuatro figuras
en forma de ángulo.
Una carta con círculos y triángulos.
Escorpión en la casa de la luna.
Una cola que tuerce al aire.
"Se dio la orden de hacer un puente
que sirviese de paso
a la caballería y al fardaje
y, para resguardo
de las bombardas,
escogieron doscientos
cincuenta tlaxcaltecas
y alrededor de ciento
cincuenta castellanos".
La historia no se mueve
en la pinturas
sobre el papel revolución del libro.
Los monitos avanzan congelados.

in their saddles,
some with pikes,
others with rapiers,
move past loaded with gold;
they try to abandon
Mexico-Tenochtitlan.
There is a sound of paper in their eyes.
"There was with us a soldier
who called himself Botello."
"Many said he was a necromancer."
"Some called him an astrologer."
"Botello had said:
that night
we should have left Mexico."
Four figures
form an angle.
A card with circles and triangles.
Scorpion in the house of the moon.
A tail that twists the air.
"He gave the order to make a bridge
that would serve as a path
for the horsemen and the bundles
and, for protection
against the attacks,
they chose two-hundred and
fifty Tlaxcaltecas
and around one-hundred
and fifty Castillians."
History does not move
in the ink
on the book's revolution paper.
The caricatures rigidly advance.

Se agita un río inmóvil,
un río de aire que nadie ve.
Cortés reparte el oro.
"Pide a los escribanos
den testimonio
de que no puede más tenerlo".
Escribe Bernal:
"nunca tuve codicia de oro".
Y como la desdicha
alcanza casi
todas las cosas
llueve a cántaros sobre la ciudad,
los corceles resbalan,
"ya no sé cuántos mueren a pedradas".
"¡oh, oh, Cuilones!".
"Les acudimos
en cuchilladas y estocadas".
Cortés logra llegar
a Tacuba que alcanzan
otros capitanes más.
La lluvia no dejaba ver los rostros.
Una blanca cortina de agua oscura.
Los caballos caían en el lodo,
rodaban en las duras losas.
"Los mexicanos
nos asaeteaban".
"De los soldados
de Pánfilo de Narváez
murieron muchos más
que de los de Cortés
por huír con el oro".
Afuera de la clase también llueve.

An immobile river flows,
a river of air that nobody sees.
Cortés distributes the gold.
"Ask the scribes
to give testimony.
He can't have any more."
Bernal writes,
"I never had greed for gold."
And as misfortune
reaches almost
all things,
a downpour falls over the city,
the steeds lose their balance,
"I don't know how many die from stoning."
"Oh, oh, cowards!"
"We responded with
hacks and thrusts."
Cortés manages to reach
Tacuba where a few more
captains catch up with him.
The rain hides their faces.
A white curtain of dark water.
Horses fall in the mud,
roll over on the hard slabs.
"The Mexicans
shot arrows at us."
"Many more soldiers
under Pánfilo de Narváez die
than those under Cortés
because the latter fled with the gold."
Outside the classroom it also rains.

Un chipichipi pertinaz
moja el extenso patio
de nuestra burda escuela de gobierno.
La maestra sentada
cruza las piernas.
Nos estremece.
No podemos dejar de ver
ese color de sombra
entre los muslos.
Nos pide que miremos otra página.
La voz nos lleva.
Gotas de agua sus ojos nos sostiene.
Ojos de ámbar, caídos.
Salimos al jardín.
Charcos, escurrimientos.
Perlas temblonas.
Los elevados fresnos vibran
cabeceando en sus copas.
La tienda de humo
de un ahuehuete.
Carreras de aire
sobre la misa de agua.
Pisadas en las piedras.
Empujones. Brincos.
Codazos. La mirada
de sangre en ojo.
Las niñas juegan en el otro extremo
del patio de recreo.
Faldas azules.
Camisas blancas.
Sweters de un rojo fuerte.

A persistent drizzle
wets the wide patio
of our coarse government school.
The seated teacher
crosses her legs.
We tremble.
We can't keep from seeing
shadowy colors
between her thighs.
She asks us to turn to another page.
Her voice carries us away.
Her eyes like drops of water uphold us.
Drooping, amber eyes.
We go out to the garden.
Puddles, trickles,
tremulous pearl-drops.
The lofty ash trees vibrate,
Their treetops bow.
The cypress'
tent of vapor.
Avenues of air
over the liturgy of water.
Footsteps on the stones.
Shoving. Jumps.
Elbowing. The look
of blood in the eye.
During recess, the girls play
on the other side
of the patio.
Blue skirts.
White shirts.
Dark red sweaters.

A la distancia
son manchas de color.
Dibujos en la página del día.
Los árboles están tan negros
en su verdura.
Tomamos aire como peces
en la humedad.
"No nos dolían las heridas
ni teníamos
hambre ni sed"
dicen las negras letras.
Oímos el rumor del mar
en las olas del bosque.
Huele a zacate.
Miramos con el pozo de los ojos.
Nos juntamos muy cerca unos de otros
para darnos calor.
Sale una flama gris
de nuestra boca.
Una pequeña espiral, una coma,
otra coma, una lengua.
Las niñas saltan
en el fondo del patio.
Van las niñas al juego
a correr con la lluvia.
Las miramos allá.
La distancia las hace diminutas,
del tamaño de nuestras manos.
Pongo mi mano en una de ellas.
Dibujos que se mueven en el agua
al paso de las hojas
del cuaderno de texto.

From a distance
they are splotches of color.
Drawings on the day's page.
The trees are so black
in their greenness.
We take in air like fish
in humidity.
The black letters say,
"The wounds did not hurt us
neither were we
hungry, nor thirsty"
We hear the sea's murmur
in the waves of the forest.
It smells of moldy hay.
We stare from the deep wells of our eyes.
We gather close together
For heat.
A gray flame leaps
from our mouths.
A small spiral, a comma,
another comma, a tongue.
The girls jump
at the other end of the patio.
The girls play,
and run with the rain.
We gaze across at them.
The distance makes them shrink
to the size of our hands.
I put my hand on one of them.
Drawings move in the water
at the speed of pages turning
in the textbook.

Nuestra maestra,
otro dibujo más:
los pies muy grandes,
las piernas largas,
una línea y un círculo
al terminar el punto
de la cabeza.
Su voz repica
con un tin tin de vidrio.
"Qué nublado está el día".
Una blanca cortina de agua oscura.
"El pensamiento
de que no quedará
ni roso ni velloso de nosotros".
El pensamiento
de un instante esponjado en el tumulto.
El frío y la humedad
hincha nuestras vejigas.
"Quiero ir al baño".
Los níveos mingitorios
con parduzcos orines.
Una blancura sucia de oro líquido.
Heces. Papel revolución en rollos.
Trazos de miembros
 y los testículos en vilo.
"Puto el que venga
a mear aquí".
Monigotes en verdes palabrotas
de crayola o lápiz.
Tufo a digestión.
En una esquina
del minjitorio

Our teacher
is one more drawing:
large feet,
long legs,
a line and a circle
that ends at the point
of her head.
Her voice rings out
with the clink of glass.
"How cloudy the day is."
A white curtain of black water.
"The thought
that of us neither the bearded
nor the beardless will remain."
The thought
of an instant expanding in the tumult.
The moisture and cold
swells our bladder.
"I want to go to the bathroom."
The snowy urinals
with drab brown urine.
White dirtied by liquid gold.
Feces. Revolution paper in rolls.
The graffiti of penises
with fallen testicles.
"The one who comes here
to piss is a homo."
Green obscenities and caricatures
scribbled in crayon or pencil.
Foul odor of digestion.
In a corner
of the bathroom

tres niños grandes
asedian a otro más pequeño.
Escorpión en la casa de la luna.
Una cola que tuerce al aire.
Duras miradas torvas.
"Tú tienes que tocarnos".
Un odio de ojos.
"Eres como las niñas,
porque juegas con ellas".
"Pareces Blancanieves".
"Híncate, ya sabemos que te gusta".
Los grandes ojos azules del niño
se hacen más grandes.
La inmensidad del baño
y el apetito
de estar muy cerca.
El ansia de salir o quedarse.
"Si no es ahora
quién sabe cuándo"
dice la raya gris de la pared.
"Aquí me voy"
grita una raya verde.
Confundidos temor y amor,
palabras y actos,
elevarse y bajar.
Una oscura cortina de silencio.
"Híncate". Arrecia la llovizna.
Pega contra los muros.
Pobre acosado niño hermoso.
En el pujo del baño
la claridad del miedo.

three large boys
bully a smaller one.
Scorpion in the house of the moon.
A tail that twists the air.
Hard, stern looks.
"You have to touch us."
Hate in their eyes.
"You're like the girls
because you play with them."
"You look like Snow White."
"Bend over, we know you like it."
The large blue eyes of the small boy
grow larger.
The immensity of the bathroom
and the appetite
of being very close.
The anxiety of not knowing
whether to leave or stay.
"If it isn't now,
who knows when?"
says a gray scribble on the wall.
"Here I go,"
screams a green scrawl.
Fear and love,
words and acts are confused
and make you feel like kneeling or standing.
A dark curtain of silence.
"Bend over." The drizzle grows stronger.
It strikes against the walls.
Poor pestered beautiful boy.
The clarity of fear
in the bathroom struggle.

Pisadas de aire
sobre la misa de agua.
Se hace inmenso el tumulto de las aguas.
Rabiosos ríos
bajan al valle.
El ruido huele a humedad.
"¿Cómo escapar de aquí?".
"¿Cómo hacer que me escuchen?".
"¿Cómo entender que sí
y, al mismo tiempo, no?".
Unos ojos que tuercen la mirada.
Dos cuernos y un punzón.
"Déjenlo en paz.
No lo lastimen".
"Él es mucho más chico
que ustedes tres".
En los cristales una lagartija
anda nerviosa.
Dibuja el trazo
de una vocal.
Blancanieves escapa
como una liebre.
La lluvia suena en un extraño cuento.
Furiosas aguas de pesadas nubes
que bajan flojas y que lentas suben.
Veo alejarse al niño
de los ojos azules,
se pierde bajo el temporal del día.
En la impiedad del baño,
los otros enmudecen.
Camino a qué lugar.
Hacia mí mismo
ando en los charcos.

Footsteps in air
over the liturgy of water.
The tumult of water grows immense.
Rabid rivers
run down to the valley.
The noise smells of dampness.
"How to escape from here?"
"How to make them listen to me?"
"How to understand yes
and, at the same time, no?"
"Some looks make one's eyes recoil."
"Two pincers and tail."
"Leave him alone."
"Don't hurt him."
"He's much younger
than you three."
In the windowpane a lizard
scurries nervously.
It draws the outline
of a vowel.
Snow White escapes
like a hare.
The rain sounds in a strange tale.
Furious waters fall from heavy clouds
that lazily drop and slowly rise.
I see the boy
with blue eyes move away,
he gets lost beneath the day's rain.
In the bathroom's impiety
the others keep quiet.
I walk wherever.
I walk in the puddles
toward myself.

Una blanca cortina de humo líquido.
Gordas gotas escurren en mi rostro.
Silencio de papel en la ciudad del agua.
Allá en el lago
el bosque siempre más exacto.
En mi libro de texto
sopla una ráfaga.
Las nubes se abren;
entra una línea de sol.
Camino adentro
de una redonda
urna de plata.
"El pico de un estoque
le saca el ojo
al capitán
que venía de Cuba"
y yo me siento
a contemplar
la lentitud
que hay en los fresnos.
Todo tan blanco después de la lluvia.
La greca de un relámpago.
Blancas las piedras
que no se mueven.
El sabino tan lento.
Blancos los muros
repellados de cal.
Blancos los árboles
brotan en fuentes.
El pensamiento
en zigzagueos blancos
sobre las hojas lúcidas.

A white curtain of liquid smoke.
Large drops run down my face.
Silent paper in the city of water.
There, at the lake,
the forest is always grand.
In my textbook
a gust of wind blows.
The clouds open
between a ray of sunlight.
I walk inside
a rounded
silver urn.
"The point of a rapier
took out an eye
of the captain
who came from Cuba"
and I sit down
to contemplate
the stupor
in the ash trees.
Everything so white after the rain.
The bolt of lightning.
White are the stones
that do not move.
White are the walls
that peel with lime.
White are the trees
that sprout bridges.
Thought moves
in white zigzags
over the lucid leaves.

Todo tan pálido
que da silencio.
Blancos los autos
allá en la calle.
"En la petaca de Botello
hallaron unas cartas".
«Entre señales y apuntamientos,
entre rayas y cifras
preguntábase Botello
sí habría de morir aquí
 y una raya decía:
No morirás".
"Y otra raya decía:
Sí morirás".
"Y otra, cuyo
dibujo no era muy distinto,
afirmaba también;
"Morirá tu caballo".
"Sí, no; sí, no; sí, no".
Ir y quedarse y con quedar partirse.
Una raya en un círculo,
un cuadrado en un triángulo.
La rapidez del aire,
la lentitud del agua.
Las carreras de frío
en el temblor de miedo.
Escorpión en la casa de la luna.
"Déjame oír.
¿No te das cuenta
que nos van a apañar?".
"Ya casi nos están pisando".
El libro de Botello

Everything so pale
that it provides silence.
White are the cars
across the street.
"In Botello's bag
they discovered some cards."
"Between signs and ciphers,
between notes and lines,
Botello asked himself
if he were to die here
and a marking said:
you will not die."
"And another marking said:
you will die."
"And another, whose
scrawl was not very clear,
also affirmed:
your horse will die."
"Yes, no; yes, no; yes, no."
"Leave and stay, and with staying depart."*
A line in a circle,
a square in a triangle.
The speed of air,
the slowness of water.
Cold that courses through a body
shaking in fear.
Scorpion in the house of the moon.
"Let me listen.
Don't you understand
that they are going to get us?"
"They are almost stepping on us."
Botello's book
opens in my book

se abre en mi libro
entre las letras
Century de 14 puntos blancas.
Sobre el pupitre
con el pelo mojado
escucho a la maestra,
nos cuenta quién
sabe qué cosas con su voz.
"Los huesos de Cuauhtémoc,
¿a dónde están?".
Al descruzar las piernas,
ella nos estremece.

between the white points
of typeset Century 14.
With wet hair dripping
over the writing desk,
I listen to the teacher,
who tells us who knows
what things.
Where are
Cuauhtémoc's bones?
As she uncrosses her legs
we tremble.

Translated by E. M. Test and Valerie Mejer

Translator's notes:
"*Cu*" is a Mexica place of worship as described by Bernal Díaz del Castillo.
* Lope de Vega

El huevo duro

A Tomás y Antonieta

De la cestilla tomo el frágil huevo.
Sobre la mano pesa su redondo
blanco sin peso —tan callado y hondo,
tan oro y ogro como un medioevo.

Con la cuchara hasta el perol lo llevo
y el tiempo mido; en el hervor lo escondo
y miro cómo el miedo baja al fondo;
ser viejo y duro es un febril renuevo.

Todo es la blanca forma del espanto.
atrapada la nuca picadura
y el gallo a la mazmorra reducido,

es el huevo la nota de otro canto
y oro sin ogro guarda la armadura:
mi cena, el duro huevo envejecido.

The Hard Boiled Egg

For Tomás and Antonieta

I take a fragile egg from the basket.
Its weightless oval whiteness weighs
on my palm – as profound and silent
as a medieval ogre's golden nugget.

I use a spoon to put it in the pot
then time it; hide it in the seethe
and watch how fear sinks to the bottom:
to be old and hard is a feverish budding.

It all takes the white form of terror.
The rooster who will never peck
is trapped inside a tiny dungeon,

while the egg crows a different tune
and gold, not ogre, holds the shell intact:
this egg, hard-boiled for my supper.

Translated by Ruth Fainlight

La pecera

I

A Orlando

El pez, en la gran
burbuja del mar,
respira el fondo
turbio del aire.
Bajo un color
de sal y soles
apenas se mueve.
Es una espesa
partícula de luz;
la perla en su vitrina.
Mi ojo celebra al pez
sobre su altar de espuma.

The Fishbowl

1

For Orlando

The fish, in the great
bubble of sea,
breathes in the deep
sediments of air.
Beneath a colour
of salt and suns
it barely moves.
It is a thick
particle of light:
the pearl in it's glass case.
My eye celebrates the fish
on its altar of foam.

2

En el oxígeno del cuarto
miro cómo te mueves
entre los planos
azules de tu piel,
aletas de una transparencia,
alas del agua,
vuelo en esta pecera.
Vuelo en los ojos del pensamiento.
Aquí respiras,
aquí te guardo,
aquí te doy de vivir
bajo el cristal redondo de mi cuarto.
Eres el pez azul en el puño cerrado de mi mano.

2

In the oxygen of the room
I watch the way you move
within the blue
planes of your skin,
transparent fins,
wings of water,
I soar in this fishbowl.
I soar in the eyes of thought.
Here you breathe,
here I watch over you,
here I give you life
beneath the round crystal of my room.
You are the blue fish
In the closed fist of my hand.

3

A Manuel y Horacio

El pez descansa.
En la pecera,
la luz dibuja
un cielo acuático.
No hay un átomo
de chapoteo
o la pendiente de una onda
—ni un sólo gramo
de ráfaga o de nube.
Todo es silencio
en este oxígeno.

3

For Manuel and Horacio

The fish rests.
In the fishbowl,
The light draws
an aquatic sky.
There is not an atom
of a splash
nor the slope of a wave
—not one single gram
of gust or cloud.
all is silence
in this oxygen.

4

Abres los ojos
después de muchas
horas de sueño.
Miras el cuarto
que de algún modo
también es sueño,
ojos cerrados,
cuerpo dormido,
luz guarecida
en su caverna.
La habitación
respira toda
junto contigo.
La luz, en ella,
también respira;
aire en el vidrio
inexplicable
de esta pecera.
Abres los ojos,
salta la luz,
soplas la rueda
de esta burbuja.
La habitación
respira sueños
junto contigo.

4

You open your eyes
after many
hours of dreams.
You look at the room
that, in some way,
is also a dream,
eyes closed,
body asleep,
light sheltered
in it's cavern.
The room
breathes everything
along with you.
The light, within,
also breathes:
air in the unexplainable
glass
of this fishbowl.
You open your eyes,
 The light bounces,
you blow the wheel
of this bubble.
The room
breaths dreams
along with you.

5

En la pecera de esta luz
—el cuarto iluminado
con una pequeña lámpara—,
repito mi buceo inútil
Estrello las narices contra el vidrio,
pongo el ojo en la boca
de la botella oceánica,
asomo la cabeza por encima
de la línea del agua;
una aleta dorsal
dibuja círculos,
un dorso interrogante se hunde
sin respuesta en el piélago
de la burbuja de cristal;
tiburón de mí mismo
me machuco la cara.
Peces y perplejos dan la vuelta
mis pensamientos.

5

In the fishbowl of this light
—The room illuminated
by a small lamp—
I repeat my useless dives.
I smash my nose against the glass,
I press my eye in the mouth
of the oceanic bottle,
lean my head over
the line of water;
a dorsal fin
draws circles,
a question mark drowns
without an answer in the sea
of the crystal bubble:
I am my own shark,
I crush my face.
Fish and perplexities turn
my thoughts around.

Translated by Jennifer Clement

Vuelo 294

> *No es la luz de Plotino, es luz terrestre,*
> *luz de aquí, pero es luz inteligente.*
> Octavio Paz

> *Hermano, tú tienes la luz, dime la mía.*
> Rubén Darío

En el avión pensé: la altura viaja
en ella misma cuando nos subimos
en su escalera azul, percibimos
con la salud del vuelo la ventaja
de estar arriba, comprendiendo el alto
material del oxígeno y la nube
entre las alas con la luz que sube
sin ser notada. Entonces dije: exalto
esta salud por el avión vendida,
espiral que revienta, viento duro,
le doy mis pies y que ella me levante,
le doy mi lengua y que ella me despida
sobre el azul tan alto de su muro
y en la frondosa lentitud vibrante.

Volví a pensar : en el avión la gente
se entrega a una forma ensimismada
de entendimiento. Cifras. Fechas. Cada
voz y el silencio. El plano de la mente
y el círculo del ojo. La turbina
con su fuerza empujando en el paisaje.
Le oí decir a Antonio: *mira el viaje*
de ese otro avión. La novia se reclina
sobre el pecho del novio. Labios. Humo.

Flight 294

> "It is not the light of Plotinus, it is earthly light,
> light from here, but it is intelligent light."
> —Octavio Paz

> "Brother, you have the light, tell me mine."
> —Rubén Darío

On the airplane, I realized: altitude travels
by its own devices when we climb
the blue staircase, and perceive,
with the well-being of flight, the advantage
of being uplifted, understanding the high
matter of oxygen and the cloud
of light between wings that rises
without being noticed. So I said: I praise
this well-being the airplane affords me,
spiral that bursts, hard wind,
I give my feet, so that it may lift me,
I give my tongue, so that it says farewell,
over the wall, with its soaring blue rise
and lush pulsing crawl.

I returned to thinking: on the airplane people
surrender to a form of absorbed
understanding. Amounts. Dates. Each
voice and the silence. The scheme of the mind
and the circle of the eye, the turbine
with its muscle pushing at the landscape
I heard Antonio say: *look at the journey
of that other airplane.*
The bride reclines
against her groom's chest. Lips. Smoke.

El espejo del vidrio. Mudamente
me digo lo que veo en el convoy
innumerable de las nubes. Hoy,
como aquel mediodía, es evidente
el aire que nos toca en el consumo

iluminado como verdadero
que sucede ante nuestros ojos. Piso
de luz la frente y ancho el paraíso
de este instante. Los nombres. El primero
de mes y el día sábado. El aviso
del servicio del agua y el letrero
de la tienda de abajo. Monedero.
Sonaja. Los soldados con permiso
para andar en las calles. Uniformes
verdes. Sombrillas rojas en la mano
de las muchachas del COLEGIO ARTURO,
Calle Iztaccíhuatl, según los informes
dados antes de ayer por el hermano
de mi madre, pensando en el futuro.

Pensando en el futuro. Pensamiento
de familia después de aquel derrumbe
al final de los treinta. **No le incumbe
a otras naciones**—dijo. El descontento
**no es problema de extraños ni del mundo,
es asunto de México**. El pasivo
será pagado —escucho pensativo
la afirmación, el timbre y el segundo
que pasa mientras veo el espacioso
camino aéreo «a diez mil pies de altura»
(de acuerdo con la voz de la azafata

Mirror in the pane of glass. Silently,
I tell myself what I see in the endless
procession of clouds. Today,
like that afternoon, the air is tangible,
touching us with each bright

swallowing, as clear as the truth
that happens before our eyes. The forehead
is a floor of light and wide the paradise
of this instant. Names. The first
of the month and a Saturday, the notice
from the water company, and the sign
on the store below. Change purse.
Rattle. Soldiers with permission
to roam the streets. Green
uniforms. Red umbrellas in the hands
of the young women of COLEGIO ARTURO,
Iztaccíhuatl Street, according to my uncle's
account, given before yesterday,
thinking of the future.

Thinking of the future. The family's
conversation, after the collapse
at the end of the thirties. **This is not the concern
of other nations—he said. Discontent
is not the problem of foreigners, or of the world;
it is Mexico's affair. The debt
will be paid**—I listen thoughtfully
to the affirmation, the bell and second
that passes while I watch the vast
aerial road "at an altitude of ten thousand feet"
(according to the voice of the flight attendant,

que es una joven de aire peligroso
por su mirada sostenida y pura).
No es asunto de afuera. Con la plata

y el petróleo, el país saldrá adelante.
Ilusiones. El radio. Los discursos.
Gente pobre. La virgen. Los recursos
de Hacienda cada vez más bajos, ante
lo cual el precio de la deuda sube
y el desempleo alcanza un alarmante
nivel. La industria y más allá un distante
resplandor de hechos turbios. Siempre tuve
la inquietud de saber qué sucedió
en esos años. Cómo una familia
casi desaparece en la confusa
raya del tiempo. Fechas. Cifras. No
la buena suerte, sino la vigilia
de un error. Una oscuridad. Ilusa,

mi madre no comprende un resultado
tan evidente como verdadero.
El avión tiembla. Soy un pasajero
en este pulso eléctrico. *El pasado*
es sólo un pergamino elaborado
en nuestra frente. Un río de aire. Espero
con los ojos abiertos. Un brasero
de luz la idea del avión. *El grado*
de comprensión de cada cosa sigue
una fecha impulsada por la propia
inquietud. Lo indudable no es oculto
ni penoso; nos habla y nos persigue,
nos pone ante nosotros y se apropia
de nuestra gravedad con su tumulto

who I see as a young woman of dangerous air
because of her gaze, sustained and pure).
This is not an outside matter. With silver

and oil, the country will come out ahead.
Illusions. The radio. Arguments.
Poverty. The virgin. The Treasury's
reserves each time lower, while
the national debt climbs,
and unemployment reaches an alarming
rate. Industry and beyond a distant
glare of hazy facts. I've always had
the uneasiness of knowing what happened
during those years. How a family
can almost disappear in the blurred
streak of time. Dates. Amounts. Not
the ease of luck, but rather the vigil
of an error. A darkness. Naïve,

my mother can't conceive of an outcome
so evident it must be true.
The airplane trembles. I am a passenger
on this electric pulse. *The past
is only an elaborate scroll
on our forehead. A river of air.* I wait
with open eyes. The idea
of an airplane is a spark of light. *Our journey
toward understanding each thing follows
an arrow propelled by our own
disquiet. The unquestionable is not hidden,
nor shameful; it speaks to us and pursues us,
puts us before ourselves, and takes possession
of our gravity with its tumult*

de evidencias. Mi madre repetía
con una gracia antigua la manera
como la gente hablaba. *En primavera,
Morelia se atildaba para el día
de la resurrección. La cabellera
de las muchachas. Ojos, Teología.
El Domingo de Ramos que surgía
como si el mismo cielo descendiera
a la plaza del centro en fiesta . . . muros
amartillados en el blanco rosa
sobre la piedra epicúrea y amable.
Rostros, moreno y rubio. Claroscuros
en el día en que Dios ya no reposa
y nos mira con ojo inalterable.*

*Con su ojo que es una quietud completa
que hace andar a la ráfaga del mundo.*
Mi madre hablaba de ese pudibundo
momento sin retorno que sujeta
al tiempo con los nombres. *Madre, deja
ir el agua del sueño. Ve, las lluvias
mojan de nuevo las paredes rubias
de Morelia y tú estás allí. Se aleja
la casa del principio, pero de otro
modo regresa indisoluble el día
que te recibe como otra mañana.
Atiende el golpe de la lluvia. Potro
que rodea la casa. Letanía.
Sílabas. Sed sin prisa.* La ventana

del avión pierde limpidez. Se empaña
bajo el efecto de las nubes. Ciego

of evidence. My mother often recited
with an old-fashioned grace, just as
people used to speak: *In spring
the city of Morelia dressed itself up for the day
of resurrection. The girls'
long manes. Eyes. Theology.
Palm Sunday rising each time
as if the sky would descend
to the central plaza in its festivities . . . chiseled
walls of white-rose,
over the sweet and epicurean stone.
Countenances, light and dark. Chiaroscuro
on the day in which God no longer rests
and watches us with an unwavering eye.*

*With his eye that is absolute stillness,
that moves the breath of the world.*
My mother spoke of that intimate
moment never to return, which clings
to time with names. *Mother, let
the water of the dream go. See, the rains
newly wet the light walls
of Morelia, and you are there. The house
of origin fades, but in other
ways the indelible day returns,
receiving you like another morning.
Listen to the pounding of the rain. Hoof-clatter
that surrounds the house. Litany.
Syllables. Thirst without hurry.* The window

of the airplane loses clarity. It mists
under the effect of the clouds. Blind,

el vuelo sigue. Gozo el desapego
de la navegación, la luz extraña
del viaje como un hilo ardiente, un fuego
al aire que urge al día *y que compaña*
a nuestra torva plenitud; hazaña
adormecida que despierta luego
de haber oído y aceptado el nombre
de nuestro error. Nubosidad la urdimbre
de nuestros pensamientos que formula
el aire con su peso. El aire. El hombre.
La azafata. La música y el timbre
con el que pides whisky. Disimula

la muchacha que está enfrente el disgusto
que siente por tener que estar al lado
de un hombre de verdad inesperado
y con un rostro vil. Me desajusto
el cinturón. Allá, en tierra, un poblado
impreciso. La joven tiene un busto
hermoso; sin embargo, el gesto adusto
la descompone por exagerado
hasta volverla ríspida. Adelina
también hace la misma cara, pero
ella nunca logró salir del rancho
sin nombre de su infancia. La turbina
a veces zumba con un foete fiero,
técnico. Turbulencia, Zum Zum ancho

en donde vamos. ¿Ciego el vuelo avanza?
—¿Whisky?—No. El ámbar de sus ojos pienso.
Mientras la miro hay como un ascenso
en todas estas dudas; una lanza
en los follajes de esta sed, comienzo

the flight advances. I enjoy the indifference
of the navigation, the refined light
of the journey, like a burning thread, a fire
bound for air that urges the day *and accompanies
our grim abundance; drowsy
adventure that later awakens, upon
having heard and accepted the name
of our error.* Cloudy net
*of our thoughts condensing, shaping
the air with its weight.* Air. The man.
The flight attendant. Music and the bell
we ring for whiskey. The young woman

in front hides the disgust
she feels at having to sit beside a truly unexpected
man, and one with a repulsive face. I loosen
the seatbelt. Down there, on land, a vague
settlement. A gentle valley, the young woman's
breasts, but her gloomy
expression abrades
and roughens her. Adelina
makes the same face, but
she has never been able to escape
her nameless childhood farm. The turbine
sometimes hums with a raw whip,
skillful. Turbulence. Zooming wide

in the sweep of our going. Blind the flight advances?
—Whiskey?—No. I think I prefer the amber of her eyes.
While I study her, there is a rising in
all these doubts; a spear
in the jungle of this thirst; I begin to think

que me empuja sin darme cuenta, alianza
de la lengua y el ojo, luz que alcanza
y sobra, sol callado pero inmenso
que levanta la cifra que me acecha
en el día lanzado como un muro,
cobalto como un líquido frondoso
—que vuelve con su ardiente clavo duro—
y firme como el sitio de una fecha
sobre el rápido instante memorioso

de estar arriba. Entre las nubes canta
la gravedad del vuelo, desde donde
el arco de la nube me responde
y el círculo del ojo me levanta.
Subo como el oxígeno en la planta
del pensamiento; subo y no me esconde
el miedo y cada idea corresponde
con un lugar y con un día. *¿Tanta
alteración nos da el perfil del rostro
y nos empuja hacia una sed sin prisa?*
Deja correr el agua, flecha rubia,
deja pasar la luz, cae la lluvia,
las muchachas, sus pechos y el calostro,
pequeños frutos blancos, sombra y brisa,

lo indudable nos dice y aparece
bajo la luz azul del sol. Tumulto
que nos enseña con su chorro culto
a disfrutar un trago. Lunes 13
de junio. La 1 de la tarde. Crece
la sensación de lentitud. Consulto
la hora. Miro en el reloj. *Lo oculto*

it pushes me without my knowledge, alliance
of tongue and eye, light that pursues,
catches and surpasses, sun noiseless but immense,
which utters the code that lies in wait for me
in the day, solid as a wall
but liquid, cobalt
—the day that returns with its burning, forged nail—
charted, fixed as a date,
plotted rising over the rapid flash of an instant

of being above. The gravity of flight
sings between the clouds, from where
the arc of clouds answers
and the circle of the eye awakens me.
My thoughts rise like oxygen
in a plant; I climb and my fear does not
hinder me, and each idea corresponds
with a certain place and day. *Doesn't so much
struggling render the landscape of the face,
and push us toward a thirst without hurry?*
Let the water run, golden arrow,
let the light pass, the rain fall,
the girls, their breasts and the first milk,
small white fruits, shadow and breeze,

*the unquestionable speaks to us and appears to us
below the blue light of the sun. Tumult
that teaches us, with its refined gush,
to enjoy a drink.* Monday the 13th
of June. One in the afternoon. The sensation
of calm grows. I consult
the hour. I look at my watch. *What is hidden*

es sólo una evidencia. Aunque nos pese,
es lo que está a un lado, el otro día,
o la noche de ayer o la mirada
que nos miró y que nuestros torpes ojos
ciegos nos miran. Una geometría
de labios, nombres, muslos, pies y cada
molécula de oxígeno. Cerrojos

no sólo en la ventana. El pensamiento
se alza con el avión a mediodía
y no sigue ninguna ortografía
aunque sí considera el turbulento
vaivén del vuelo, el sol en su bujía
y el ala con su altura. El pensamiento
«te dices» llega con su río (viento
en el pasaje). *Yo ya lo sabía*
—de nuevo te repites. *En ciudad*
Morelia todo está como en la altura
y así fue siempre. Antonio, ve la onda
altiva del avión (que sólo dura
un pensamiento); escucha como ahonda
nuestra circulación la agilidad

del vuelo, la salud del aire; mira
esa escalera azul por donde baja
la clara multitud; ve la navaja
enardecida de este sol; respira
el viento duro, la dorada alhaja
de estar bebiendo un whisky. No es mentira
ni verdad el paisaje ni delira
la luz; en todo caso, la ventaja
se encuentra en el oxígeno; la mano

is only one evidence. Although it weighs on us,
it is what remains to one side: the other day
or last night, or the gaze
that looked on us and that our clumsy blind
eyes didn't see. A geometry
of lips, names, thighs, feet and each
molecule of oxygen. Locks

not only on the window. Thoughts
rise along with the airplane at noon
and follow no single orthography,
even if one considers the turbulent
rocking of the flight, the sun like a spark plug,
the wing with its height. Thoughts
—you tell yourself—arrive in their river (wind
through the landscape). *I already knew*
—you repeat again. *In the city
of Morelia, everything is as it is in altitude
and it has been that way forever.* Antonio, look at the arrogant
wave of the airplane (that only lasts
a thought); hear how our circulation
deepens the agility

of the flight, the well-being of the air; look
at that blue staircase where the bright
crowd descends; see the fiery
razor of this sun; breathe
the hard wind, the golden expense
of drinking a whiskey. The landscape
is not a lie or the truth, neither is the light
delirious; in every case, the advantage
can be found in the oxygen; the hand

apoyada en las hojas de la frente,
la sed en la turbina del impulso
de este día que veo como un plano
lanzado por el piso de la mente
hacia el ascenso del avión. Compulso,

otra vez el reloj. **Las 13:13.**
la azafata nos vuelve a decir algo
que me suena remoto, mientras salgo
por la ventana. *Nubes.* Me parece
que está en su sitio el día, pero trato
de entender *¿****qué entendemos cuando crece
la sensación de que desaparece
todo lo que hemos visto?*** El aparato
desciende un poco. Catarata el ojo
que me levanta hasta la lengua. Cojo
la pluma y me la pongo en el sombrero
de la aureola. Me pongo verdadero
y salto por el tiempo transcurrido
¿Una hora y minutos? Me divido

y me señalo límites *¿****Los años
treinta?*** *paisaje y dudas.* Equilibro
mi pensamiento. ***Sólo nubes. Libro
de apariciones, puertas y peldaños
que recorren las sombras.*** *Ojos.* Vibro
bajo el efecto de otra idea. Extraños
silencios las palabras —sin tamaños
y de agitada lentitud. Me libro
de mí mismo. me pongo en el crucero
de este vuelo y descubro la bahía
(*era una ola blanca de Acapulco…*)

rests on the leaves of the forehead,
the thirst of this day's impulse
in the turbine, that I see as a scheme
launched by the floor of the mind,
toward the rising of the airplane. I check

my watch again. **It's 13:13.**
The flight attendant returns to tell us something
that sounds distant, while I escape
through the window. *Clouds.* It seems to me
that the day is in its rightful place, but I try
to understand. ***What do we understand when
the sensation grows inside of us
that everything we've seen is disappearing?*** The airplane
descends a little. A smear on the lens of the eye
that awakens my tongue. I take
the pen and put it on the brim of my hat
as though it is a ray of my halo. I put on truth
and leap through the time that has passed.
An hour and a couple of minutes? I split myself

and mark my limits. ***The thirties?
Landscape and doubts.*** I balance
my thought. ***Only clouds. A book
of appearances, doors and steps
that go through the shadows.*** *Eyes.* I vibrate
under the effect of another idea. Words
are strange silences—without sizes
and anxiously slow. I free myself
from myself. I put myself on in the crossing
of this flight and discover the bay
(it was a white wave of Acapulco).

veo los círculos de un sol playero;
meto los ojos en el agua; esculco
al orgulloso escualo. El mediodía

surge escamado como un pez celeste
que una casualidad ha improvisado
en el techo del mar, iluminado
con los candiles de estas luces. *Este*
que miras es el sol del mar y el lado
de Acapulco más hosco. El lado agreste
—si tú quieres. La rada sola al Este
del puerto principal, donde un poblado
vive su tiempo. Hay hombres y muchachas
bañados todo el día en una onda
azul. Jovial su plenitud perdida
—dijo una vez mi tío con su facha
resignada y sport y con la blonda
cabellera en el aire de su vida.

Qué feliz el azul del sol y el mar,
todo prendido como en una fiesta
y cariñoso como quien se acuesta
con la mujer que tiene que gozar
y entiende que ésa es la mejor respuesta.
Ahora vibra la hora y el altar
del agua centellea. Levantar
una mano —los ojos— en la cresta
del avión, mientras zumba la turbina
y cae el peso. *Perseguir la espuma*
sobre las rocas. Escuchar la ola
que cruje blanca entre la piedra sola.
Me encanta el modo como el agua suma
y la velocidad que nos domina.

I see the circles of a beach-going sun;
my eyes, submerged in the water, rummage
through the imperious swells. Noon

rises scaly as a sky-blue fish
that some coincidence has improvised
in the ceiling of the sea, lit
with the flares of these lights. *What
you see is the sun of the sea, and the darker
side of Acapulco. The wild side
—if you like. A single road, east
of the main port, where a village
lives its time. There are men and young girls
washed all day in a blue
wave. Their cheerful fullness is lost*
—my uncle said one time, with his resigned
and nonchalant look, and his blond
comet of hair, in the air of his life.

How happy is the blue of the sun and sea,
all pinned up like a party,
and tender as someone who sleeps
with a woman he wants to enjoy,
and understands that is the best answer.
Now the hour vibrates and the altar
of water sparkles. Lifting
a hand—*awakening the eyes*—in the crest
of the airplane, while the turbine whirrs,
and the weight falls. *To chase the spray
over the rocks. To listen to the wave
that crashes white between lonely stones.
I love how the water gathers,
how this speed overpowers us.*

También me encanta el límpido reflejo
oscuro y circular de los delfines
que van y vienen con sus flojas crines
de agua. La hora sube en el espejo
del mediodía. ***Nunca tuve fines***
y menos hoy que nunca. Me despejo
en la cubierta. Miro el sol complejo
de este instante. ***Toco los clarines***
que puedo. Miro el litoral. Me toma
el centelleo. ***Cifras. Fechas.*** Cada
voz y el silencio. ***El aire nos derrumba***
y nos deja caer su detallada.
Crece la turbulencia. El vuelo zumba.
Oí decir la hora en otro idioma.

En el avión pensé: la altura viaja
en ella misma cuando nos subimos
a su escalera azul, percibimos
con la salud del vuelo la ventaja
de estar arriba, comprendiendo el alto
material del oxígeno y la nube
entre las alas con la luz que sube
sin ser notada. Entonces dije: exalto
esta salud por el avión vendida,
espiral que revienta, viento duro,
le doy mis pies y que ella me levante,
le doy mi lengua y que ella me despida
sobre el azul tan alto de su muro
y en la frondosa lentitud vibrante.

I also love the limpid reflection,
dark and circular, of the dolphins
that come and go with their loose manes
of water. The hour climbs in the mirror
of midday. *I have never had any endings*
and today have fewer than ever. I awaken
in the outer cover. I watch the intricate sun
of this instant. *I play the bugles*
that I can. I watch the coastline. I take in
the sparkle. *Amounts. Dates.* Each
voice and the silence. *The air that flings*
us down catches us with its bite.
The turbulence increases. The flight hums.
I hear the hour announced in another language.

On the airplane, I realized: altitude travels
by its own devices when we climb
the blue staircase, and perceive,
with the well-being of flight, the advantage
of being uplifted, understanding the high
matter of oxygen and the cloud
of light between wings that rises
without being noticed. So I said: I praise
this well-being the airplane affords me,
spiral that bursts, hard wind,
I give it my feet, so that it may lift me,
I give my tongue, so that it says farewell,
over the wall, with its soaring blue rise,
and lush pulsing crawl.

Translated by Sylvia MacDuff

La fecha

Nuestra navegación comenzó el día
8 del mes de agosto. La mañana
hervía bajo un sol de resolana
y el calor aumentaba todavía

más en cubierta. Desde la ventana
del camarote, vimos la bahía:
era un rumor que el viento enronquecía;
la luz alzaba la onda que nos gana.

Nosotros dos cogidos de la mano,
gozábamos los frutos del momento,
el centelleo rápido y angosto . . .

. . . subíamos al lejos tan cercano.
Entonces, se aclaraba un pensamiento:
todo es verídico en el mes de agosto.

The Date

Our journey began on the eighth
of August. Morning
baked under a bright sun
and the heat increased even

more on deck. From the window
of the cabin, we saw the bay:
it was a rumor the rough wind whispered;
light lifted the wave that gains on us.

We two, hand in hand,
enjoyed the fruits of the moment,
the swift and slender flicker ...

.... we climbed the close distance.
Then, one thought became clear:
everything is true in the month of August.

Translated by Sylvia MacDuff

La enredadera

Recostado en la hierba del jardín,
me llamó la atención la enredadera.
Levanté con las manos la cabeza
para mirar su impulso de raíz.
Y supe que en su fuga se concentran
los ritmos de las sombras y un fluir
de insectos en las hojas. Comprendí
por ella la salud de la sorpresa.
Incorporé la espalda ante el prodigio
de la verde cortina vegetal.
Me sacudió su exuberancia en orden.
Y entendí su silencio primitivo,
su terca lentitud de oscuridad,
sus notas graves y su fuga enorme.

The Bindweed

As I reclined on the garden lawn,
my attention was drawn to the bindweed.
I lifted my head with my hands
to see the impulse of the roots.
And knew that in this flight
circled the rhythms of shadows and the flow
of insects in the leaves. Through it
I understood the blessing of a surprise.
I sat up before the wonder
of the organic green curtain.
Its ordered exuberance shook me.
I understood its primitive silence,
its slow, stubborn movement in the dark,
its grave notes, and enormous escape.

Translated by Sylvia MacDuff

Poética

La lengua avanza por el ojo: ajusta
la imagen tierna al paladar y al diente.
Prueba el paisaje y sorbe la paciente
agua de un río. La mirada justa

se abre en la voz o de la luz se eleva
hacia la misma lengua. Cada cosa
contada en la retina es una glosa
del alma que nos cura y nos renueva.

Lengua y ojo en la cosa son el ave
que se eleva en la luz de mi balcón,
un descender del aire que nos toca.

Es la canción de lo que no se sabe
y que de pronto se hace una visión.
Bilingüe el ojo avanza por la boca.

Poetics

The tongue moves through the eye: adjusts
the tender image to the taste buds and teeth.
It savors the landscape and sips patient
river water. The exact gaze

opens up in the voice of light and rises
toward the same tongue. Every rare thing
in the retina is a note from the soul
that heals and renews us.

Tongue and eye in all things are a bird
that rises in the light of my balcony,
a descent in the air that touches us.

It's the song of the unknown
that suddenly becomes a vision.
The bilingual eye moves through the mouth.

Translated by Sylvia MacDuff

El árbol

Desde mi cuarto
se puede ver un árbol.
Yo reposo callado
sobre la cama,
el árbol yace a gusto sobre el aire;
yo abro los ojos
—entran sus verdes—,
el árbol se revuelve elástico
y dentro de mí
se humedecen sus hojas;
yo percibo el bullir del viento
entre su fronda
como él percibe
ese delgado murmurar del alma;
yo vivo cómo
los pájaros descienden
a los brazos más fuertes y elevados
y él descubre el ascenso
de la felicidad
alada como
esos mismos pájaros.

The Tree

The tree is visible
from my room.
I rest quietly
on the bed,
the tree stands content in the breeze;
I open my eyes
—receive the greens—,
as the tree rolls elastic
and its leaves are dampened
within me.
I sense the bustle of wind
inside the foliage
as the tree perceives
that thin murmur in the soul;
I live the way
birds descend
to the strongest, highest arms
and the tree discovers the ascent
of happiness
swift-winged
as those same birds.

Translated by Sylvia MacDuff

La piedra

Me subo en una piedra,
pienso sobre la piedra.
Pienso lo duro,
pienso lo impenetrable,
lo que no tiene sexo;
pienso una y otra vez
en lo que nada más
puedo tocar por fuera.
Medito en ese afuera tan del aire,
tan del agua corriendo.
Pienso este pensamiento
que se me vuelve
una piedra pesada
entre las manos.
Abro las manos,
cae la piedra.

The Rock

I climb a rock,
I think on the rock.
I think of the hard,
I think of the impenetrable,
of what is sexless;
time after time I think
of what, from the outside,
I can never touch again.
I ponder that exterior of so much air
so much flowing water.
I think this thought
that becomes, for me,
a heavy rock
between my hands.
I open my hands,
the rock falls.

Translated by Martha B. Jordan

Mar

Tú estás allá,
en la otra silla.
Vives el mundo aparte
del lado opuesto de la mesa.
Tus miradas están allá,
tus voces son
pájaros que retornan
del mar de allá,
tus manos juegan
sobre la mesa
como incansables nómadas
en la extensión azul.
Yo escribo en Morse,
lanzo señales de humo,
pongo a la orilla de ese mar
una botella,
mando mis huestes
a conquistar
las santas tierras de allá,
prendo las brasas
del mismo sueño.
Pero tú sigues allá
en la otra silla.

The Sea

You are there,
in the other chair.
You live in that separate world
on the other side of the table.
Your glances are over there,
your voices are birds
returning from that far sea,
your hands, like tireless nomads,
play on the table
in the blue extension.
I write in Morse code,
send smoke signals,
set a bottle
on the shore of that sea,
send my hosts
to conquer
the holy lands over there,
kindle the coals
of the same dream.
But you remain there,
in the other chair.

Translated by Martha B. Jordan

www.ingramcontent.com/pod-product-compliance
Lightning Source LLC
Chambersburg PA
CBHW031157160426
43193CB00008B/411